Manual De Procedimientos En Materia Civil Y Criminal: En Juicios Verbales Con Un Apéndice Al Fin Sobre Varios Casos Prácticos En Lo Criminal

Eulogio Rojas Paláez

Nabu Public Domain Reprints:

You are holding a reproduction of an original work published before 1923 that is in the public domain in the United States of America, and possibly other countries. You may freely copy and distribute this work as no entity (individual or corporate) has a copyright on the body of the work. This book may contain prior copyright references, and library stamps (as most of these works were scanned from library copies). These have been scanned and retained as part of the historical artifact.

This book may have occasional imperfections such as missing or blurred pages, poor pictures, errant marks, etc. that were either part of the original artifact, or were introduced by the scanning process. We believe this work is culturally important, and despite the imperfections, have elected to bring it back into print as part of our continuing commitment to the preservation of printed works worldwide. We appreciate your understanding of the imperfections in the preservation process, and hope you enjoy this valuable book.

EXCMO. SR.

Pide la licencia què espresa.

Eulojio R. Peláez, Vocal del Tribunal de Partido 1.º de esta capital, presentàndome ante V. E. por el Honorable órgano de S. G. el Ministro de Justicia, digo: que deseando regularizar en alguna manera el procedimiento de los juicios verbales observado ante los jueces instructores y alcaldes parroquiales de la campaña, procedimiento que ha sido desnaturalizado hasta el estremo a pesar de su conocida sencillez, he dedicàdome a hacer la redaccion, o mejor dicho, la compilacion en el "Manual" que acompaño, de todas las leyes, decretos, órdenes y resoluciones supremas relativos al tratado de los juicios verbales, dando una forma adecuada a la mas fácil comprension, habiendo querido contribuir de este modo con un pequeño trabajo al importante ramo de la administracion de justicia.

En el Apèndice que va al fin he procurado hacer una esplicacion clara y sencilla de algunos casos prácticos en materia criminal, casos demasiado importantes y que se hallan poco o mal conocidos por algunos.

V. E. comprenderá que el buen éxito de la administracion de justicia depende en cierto modo del procedimiento, el que para la aplicacion de la lei es la parte mas importante e indispensable. En esta virtud no dudo que V. E. me concederá licencia para lá impresion del adjunto "Manual," el que deberà venderse al módico precio de 80 centavos a fin de proporcionar la retribucion o indemnizacion de los gastos de su impresion. Por tanto

A V. E. pido, será justicia, &.

La Paz, Marzo 21 de 1870.

EXCMO. SR.

EULOJIO RÓJAS PELÁEZ.

Ministerio de Justicia.—La Paz, Marzo 21 de 1870.

Pásese esta solicitud a S. R. la Corte Superior del Distrito para que previo exámen del "Manual" que se acompaña, se sirva informar sobre si se halla arreglado a las leyes y procedimientos vijentes.

P. O. de S. E.—RIBERA.

EXCMO. SR.

INFORMA:

La Corte Superior de este Distrito habiéndose impuesto del "Manual" de procedimientos en juicios verbales, escrito por el Dr. Eulojio Pelàez, pasa a cumplir con el decreto de V. E.

Es indudable que la instruccion sobre procedimientos judiciales es necesaria a todos los funcionarios encargados de administrar justicia; pues, solo poseyendo conocimientos sobre la materia, se dictan resoluciones acertadas, evitando los errores a que dan lúgar el embrollo y desgreño en la tramitacion. El Dr. Eulojio Peláez se ha propuesto difundir esos conocimientos entre la jente del campo y las personas que no siguen la profesion de la abogacía. Si ha cumplido o no su noble propósito, si las doctrinas contenidas en su opúsculo, son o no exactas—toca decidirlo al público ilustrado, a cuyo juicio se libra una obra, desde que se la pone en circulacion por medio de la prensa. La Corte aplaude el pensamiento del autor; pero omite entrar en el exámen detallado de la obra, porque las ideas y convicciones de un escritor particular, no tienen ni pueden tener carácter preceptivo al frente de leyes existentes, y porque todo trabajo científico o literario está bajo la responsabilidad de su autor, y constituye para él solo el fundamento de la honra que el lector intelijente quiera concederle o negarle.

Por el artículo 12 de la Constitucion de Estado a todos es permitido publicar sus pensamientos por la prensa, sin previa censura, y con sola la condicion de firmar sus escritos. El Dr. Peláez ha podido y puede usar de este derecho, puesto que su obra encierra un conjunto de doctrinas, que constituyen sus pensamientos. Así se ha hecho y se verifica con todas las obras didácticas o de pura crítica que se han escrito sobre la lejislacion nacional o extranjera.

Siendo ademas, segun la misma Constitucion, de la propiedad del autor el opúsculo mencionado, no se puede imponer tasa sobre el trabajo ojeno. El autor puede dar a su obra el precio que quiera. El pedido del público determinará su valor real.

Por lo espuesto cree la Corte que debe declararse, que el Dr. Eulojio Peláez puede publicar libremente su obra, con las leyes y supremas resoluciones insertas, las que están conformes con las que se rejistran en ediciones oficiales.

La Paz, Abril 26 de 1870.

EXCMO. SR.   JACINTO VILLAMIL.

Ministerio de Justicia.—La Paz, Mayo 3 de 1870.

Visto el informe que precede, autorízase al Dr. Eulojio R. Peláez para que publique el "Manual" que tiene presentado sobre procedimientos en juicios verbales. Rejístrese y devuélvase.

Rúbriba de S. E.—P. O. de S. E.—RIBERA.

PRÓLOGO.

La publicacion de este "Manual" tiene por objeto llenar la falta jeneralmente sentida de uno que corresponda como es debido al laudable deseo de la instruccion en el foro, de personas que no se han dedicado al estudio profesional del abogado, y especialmente de las que residen en la campaña, quienes muchas veces tienen que desempeñar el delicado y difícil puesto del juez, o tener que acudir ante este por razon de sus pleitos.

La dificultad que hai de tener a la mano todos los códigos, resoluciones, decretos supremos y otras leyes sueltas, está vencida en este con la metódica compilacion que se ha hecho.—Una persona cualquiera puede hacerse cargo, satisfactoriamente, de lo que son los juicios verbales, de sus trámites y las estaciones por donde tienen que pasar sin necesidad de recurrir a aquellos.

El tratado de los juicios verbales es demasiado importante, porque afecta los intereses de la clase mas desvalida de la sociedad, la que en todas partes, ha llamado una preferente atencion. Es por eso que nos hemos ocupado esclusivamente de ellos a fin de que los que no sean letrados sepan su naturaleza, habiendo procurado en este trabajo un órden metódico y sencillo, y capaz de poner a cualquiera en aptitud de poder usar de sus derechos sin el ministerio del letrado.

En el Apéndice que va al fin, en el cual se hallan los casos mas prácticos en materia criminal y que son poco o mal conocidos por algunos, serán esplicados aquellos conforme al espíritu del sistema criminal frances que es de donde se ha tomado nuestro Código de Procedimiento criminal. Allí se dan difiniciones y se hacen esplicaciones en el sentido verdadero del derecho, llegando a ser de este modo ménos estraño el lenguaje de la jurisprudencia.

Todos deben saber las leyes, y la ignorancia del derecho no escusa a nadie, dicen nuestros códigos. Parece, sin duda, que es necesario jeneralizar los preceptos de la lei, difundir los conocimientos del foro entre todas las clases de la sociedad, aún entre las mas atrasadas, elevar en cuanto sea posible la enseñanza de tan noble y augusta profesion, mucho mas, en la clase pobre cuyos intereses son demasiado caros.

Es preciso buscar un antídoto contra los elementos deletéreos que la corruptela ha introducido desgraciadamente en nuestro país, solo así podremos conseguir la uniformidad de nuestra jurisprudencia y el destierro de aquella. El ilustrado Gobierno de Diciembre cuyas tendencias por la mejora y el progreso de la administracion de justicia son notorias, ha iniciado ya la gran necesidad de la reforma de nuestros códigos; miéntras ella se realize debemos procurar evitar en alguna manera, el progreso de los males que son consiguientes a la justicia mal aplicada por falta de medios de instruccion.

JUICIOS VERBALES.

Se entiende por estos la disputa o contienda legal que verbalmente tienen las partes ante la autoridad, pidiendo el pago de una deuda o el cumplimiento de una obligacion. El conocimiento de estos juicios es de la privativa competencia de los jueces instructores y alcaldes parroquiales: los primeros conocen en las acciones personales, hasta el valor de doscientos pesos, con apelacion para ante el Presidente del Tribunal de Partido, y en las reales, sobre bienes que no producen mas renta que veinte pesos, o un cánon de arrendamiento de igual suma: los segundos conocen en las causas por acciones puramente personales o sobre bienes muebles, hasta el valor de diez y seis pesos; sin apelacion, y con ella para ante el juez instructor respectivo hasta la cantidad de sesenta pesos.—Ambos conocen ademas en las demandas detalladas en la Lei Orgánica (1).

SU PROCEDIMIENTO. (2)

Previas las cédulas de citacion que los jueces deben epedir, comparecen las pártes a dia y hora señalados (3). El juez instructor o alcalde parroquial, impuesto de la demanda interroga al demandado, en audiencia pública, y formando su conciencia legal pronuncia inmediatamente la resolucion que conviene. Si la esposicion de las partes no fuese suficiente para el convencimiento del juez, o el hecho exijiese justificacion se ordenará la prueba: esta tendrá lugar en la misma audiencia o en la siguiente, pudiendo el juez así como las partes hacer a los testigos las interrogaciones que crean necesarias para la manifestacion de la verdad que es la base de la justicia.

Los jueces deben tener entendido que esta clase de juicios no tiene las formas latas de los de mayor cuantía; que siendo el objeto del lejislador la pronta proteccion del desvalido en rela-

---

(1) Véanse los capítulos 1.° y 2.° del título 5.° de la Lei de Organizacion judicial de 31 de Diciembre del 57.

(2) Recomendamos la lectura del capítulo 1.° título 1.° del libro 2.° del Código de Procedimientos, y la Suprema resolucion de 25 de Febrero de 1862 a fin de que los litigantes así como los jueces de la campaña, puedan formar mejor idea acerca de la naturaleza y forma procedimental de estos juicios.

(3) Tambien pueden comparecer las partes voluntariamente y sin necesidad de la boleta del juez, por mútuo convenio.

cion a la importancia que la pequeña cuantía de estos asuntos forman para él su tramitacion no debe estar sujeta a aquellas. El juicio verbal sea declarativo u ejecutivo debe tener un mismo trámite, ora haya que declarar sobre derechos dudosos o contravertibles mediante pruebas; ora haya que ejecutar lo que está ya determinado y probado por algun título, su modo de proceder será siempre el mismo.

La intervencion de los letrados es innecesaria en este juicio (4). El juez es el que debe redactar el acta del juicio, haciendo un estracto de la demanda, contestacion y pruebas, sentando al mismo tiempo, la sentencia que se haya pronunciado, la que será siempre definitiva. Ante los alcaldes parroquiales es innecesaria el acta cuando conocen de una suma menor de diez y seis pesos, porque no hai apelacion, único caso en que sirve esta. Sin embargo, si las partes quieren puede sentarse el acta, que tambien puede servir para los recursos de queja establecidos por la lei.

En muchas alcaldías parroquiales existe la corruptela de admitir y sustanciar infinidad de escepciones, artículos e incidentes causando con este procedimiento graves perjuicios, y alterando así la naturaleza del juicio verbal: tan ilegal práctica debe correjirse observándose las formas espuestas en este tratado.

Estos juicios deben ser lo ménos dispendiosos. Los certificados para las apelaciones, ejecutoriales, &., deben darse con timbre de cinco centavos. Tampoco deben exijir patentes de habilidad (5).

APELACION.

De las resoluciones que no son favorables se interpone el recurso ordinario de apelacion, en el término de tres dias despues de la notificacion de la sentencia. La apelacion se interpone de palabra, y el juez la concede dando un breve término en atencion a la distancia en que reside el superior, citando y emplazando a las partes para su comparecencia ante él (6): este término debe correr desde el dia en que se dé al apelante el cer-

---

(4) Véase la resolucion Suprema de 30 de Enero de 1867.
(5) Véase la Suprema resolucion de 19 de Enero de 1859.
(6) En el asiento del juez instructor o Tribunal de Partido el término para la comparecencia es de solo tres dias.

tificado del acta del juicio, a cuya continuacion se anota el dia y la hora de la entrega, rubricándola el juez lo mismo que aquel (7).

Cumplido el término del emplazamiento se apersonan las partes, y presentes ante el superior exponen las razones que les asiste para pedir la revocatoria o confirmacion de la sentencia apelada, todo verbalmente. El superior redacta esta exposicion en el libro de apelaciones que debe tener a su cargo, y procede en seguida a dar su fallo de vista. Si el apelado no comparece, se resuelve en su rebeldía, sin observarse otro trámite que pedir a instancia de la otra parte, la certificacion del Secretario o Actuario, para convencerse si efectivamente no se ha presentado aquel. En el caso de no comparecencia del apelante, queda ejecutoriada la resolucion del inferior.

NULIDAD.

Hai lugar al recurso de nulidad y su interposicion es en el término de ocho dias. Aun cuando este término es para los juicios escritos de mayor cuantía, no obstante la jurisprudencia del país lo ha hecho estensivo a los verbales de menor cuantía.

Este recurso es desconocido en las demandas de menor cuantía de que conocen los alcaldes parroquiales hasta la cantidad de diez y seis pesos, sin apelacion, pero existe cuando se trata de una suma mayor hasta los sesenta.

De las apelaciones resueltas por los Presidentes de los Tribunales de partido no hai lugar al recurso (8). Sobre el particular no podemos dejar de hacer una observacion.—Siendo el recurso de nulidad el medio extraordinario y último que la lei ha establecido en favor del litigante, era mui natural que en proteccion de sus derechos existiese el recurso tratándose de una suma mayor de sesenta hasta los doscientos pesos; porque favoreciéndose a aquel en asuntos de ménos importancia habia mayor razon para hacer estensivo dicho recurso a los asuntos de mas interes como son en realidad los juicios verbales de que conocen los jueces instructores. Si bien es cierto que la nulidad en estos juicios parece incompatible con la sencillez y prontitud de ellos,

---

(7) Véase el Supremo Decreto de 5 de Abril de 1837.
(8) Véase la Suprema Resolucion del 9 de Enero de 1859.

y su prohibicion es una reforma, creemos no obstante, que esta es obra del tiempo y que las circunstancias del país aun no han variado para que podamos conciliar el procedimiento de la nulidad con su propia institucion.

JUICIOS DE SIMPLE POLICÌA.

Se considera como faltas de simple policìa los hechos que sin ser de la gravedad de los crìmenes y delitos correccionales merecen por toda pena una multa que no pase de cuatro pesos, o una prision que no exeda de ocho dias. El conocimiento de estos juicios compete a los alcaldes parroquiales.

Los alcaldes parroquiales conocen de estos juicios con el nombre de juzgados de simple policía, en consorcio de un Comisario o Correjidor que desempeña las funciones del ministerio público.

SU PROCEDIMIENTO.

Previas las cédulas de citacion espedidas por el juez para el comparendo de las partes y testigos, se reune el juzgado de policía simple, en audiencia pública, e inmediatamente se leen los documentos que se hubiesen organizado para la comprobacion del cuerpo del delito, recibiéndose ademas las declaraciones de los testigos presentados por la parte civil o el ministerio público; y recibidas estas declaraciones el fiscal hace las conclusiones respectivas. El demandado hace luego su defensa presentando sus testigos y las pruebas que tuviese por conveniente: terminadas ellas el ministerio público hace un resumen del negocio y concluye: el demandado observa la conclusion. Verificado esto, el juez pronuncia inmediatamente la sentencia o a mas tardar en la siguiente audiencia. Este juicio se sienta en una acta circunstanciada, donde se redacta lo esencial de cada una de las declaraciones de los testigos, previa la fórmula del juramento de lei, espresando sus jenerales, cuidando de nombrar intérpretes para los que ignoren el idioma español y sentando al mismo tiempo las conclusiones fiscales y defensa de las partes.—Parece del caso advertir que los ascendientes y descendientes del acusado, sus hermanos, la mujer o el marido no pueden ser llamados ni recibidos como testigos; sin embargo, en caso de que no haya oposicion por parte del fiscal, del procesado o de la parte civil para la recepcion de sus deposiciones, se reciben sin que entónces haya lugar a nulidad. El acta debe firmarse por el juez a las veinticuatro horas cuando mas de pronunciada la sentencia, bajo la pena de cinco pesos de multa contra al Actuario y la responsabilidad contra el juez.

Los juzgados de simple policía tienen jurisdiccion para conocer de estas faltas:—de las injurias ménos leves de que conocen los tribunales correccionales (9), de los pasquines, venta y distribucion o publicacion de obras, escritos o grabados contrarios a las buenas costumbres, de la accion contra los impostores que se titulan adivinos, brujos o esplicadores de sueños, de los hurtos rateros y jeneralmente de los delitos o faltas que no llevan consigo penas corporales o correccionales.

En estos juicios los interesados pueden deducir su querella directamente, sea de palabra o por escrito. Debemos advertir ademas que sus tràmites deben ser lijeros y demasiado sencillos, sin sumaria, y sin que de ningun modo se dé lugar a las formas que los asuntos criminales exijen para mayor garantìa de los acusados y la sociedad.

DEL JUICIO EN REBELDÌA.

Tiene lugar este juicio cuando la parte demandada no comparece en el dia y hora señalados en la cédula espedida para el efecto. Su procedimiento es el mismo que el anterior, con la única diferencia de que en la audiencia se hace absoluta utpreté
ricion de la personalidad del demandado. Sin embargo, la parte condenada tiene el recurso de oposicion contra la sentencia pronunciada en su rebeldìa. En este caso se abre el juicio, es decir, hai una nueva audiencia donde el condenado hace su defensa con la amplitud que debe en el juicio ordinario.

En las condenaciones, tanto en el juicio de rebeldía como en el ordinario, es inherente la responsabilidad civil de los daños y perjuicios causados con el delito. El juez no debe omitir la resolucion a este respecto, condenando ademas a la parte vencida en las costas respectivas, que se tasarán en la sentencia.

(9) Veánse los artículos 590 y 591 del Código penal y el artículo 5.° de la Lei de 6 de Nobiembre de 1840.

parte civil, quien no solo debe constituirse por tal sino formular expresamente su demanda de intereses ántes de la sentencia. En caso de esta omision no hai lugar a aquella condenacion.

APELACICION.

De las sentencias que no son favorables se interpone el recurso de apelacion para ante el Tribunal correccional de policía. El término para la interposicion de este recurso es el de diez dias que se cuentan desde la notificacion de la sentencia.

Los motivos de apelacion son los siguientes:—la imposicion de la pena de prision, el exeso en las multas, restituciones y otras reparaciones civiles, estando determinado que no pueden pasar de la suma de dos pesos, fuera de las costas.

El término para la comparecencia de las partes ante el superior es de tres dias si este se halla en el mismo lugar, y el que el juez señale si residiese en otro distinto, no obstante la remision del proceso debe hacerse dentro de las veinticuatro horas siguientes a la notificacion que se haga del recurso a la parte apelada (10). Los obrados de primera instancia deben remitirse en testimonio en razon de que no es posible elevar orijinales los que existen en el libro que los jueces parroquiales tienen destinado para los juicios de simple policía.

En este grado la audiencia es pública y su forma procedimental la misma que ante el inferior, con la diferencia de que no hai necesidad de que los testigos comparezcan, bastando únicamente la lectura de sus deposiciones para que el Tribunal forme conciencia y pronuncie su fallo de vista. Sin embargo pueden oirse de nuevo los testigos, siempre que el ministerio público o una de las partes lo solicitasen.

NULIDAD.

Contra las sentencias de segunda instancia pronunciadas

---

(10) Como no hai en el **Procedimiento criminal** ningun término relativo a la comparecencia de las partes ante el superior, creemos que por este motivo se esté a lo que dispone la lei civil cuyos preceptos son jenerales cuando no hai otros en lo criminal.

por los Tribunales de policía correccional, existe el recurso de nulidad. El tèrmino para la interposicion de este recurso es el de tres dias contados desde que se haya notificado a las partes la sentencia que se hubiese pronunciado, pudiendo la parte recurrente presentar en la Secretaría del Tribunal, dentro de los diez y siguientes, la exposicion que especifique los motivos de nulidad (11). En el caso de absolucion o declaratoria de inocencia en favor del acusado, el término es solo de veinticuatro horas.

Para que el recurso tenga lugar es menester observar estos requisitos:—la parte condenada no puede deducir la nulidad sino cuando se presenta como detenida, o cuando haya sido puesta en libertad bajo la caucion, esto es, cuando se trata de la privacion de su libertad: la parte civil debe depositar previamente una multa de treinta pesos o de quince si la sentencia se diere por contumacia (12).

Son motivos de nulidad los siguientes:—la violacion u omision de alguna de las formalidades que la lei del procedimiento criminal prescribe bajo pena de nulidad, la incompetencia en el juez, la no decision de una o mas peticiones del acusado o requerimientos del ministerio público que tiendan a usar de una facultad o derecho concedido por la lei aunque la falta no esté espresamente designada con la pena de nulidad (13).

---

(11) La parte civil no puede usar del recurso sino únicamente por sus intereses civiles.

(12) Los condenados en materia correccional no están obligados a consignar la multa. Véase la resolucion de la Exma. Corte Suprema número 253 de la Gaceta Judicial del año 1864.

(13) La Exma. Corte Suprema de la nacion ha declarado que tambien es un motivo de nulidad la imposicion de una pena diferente de la que la lei señala.—Véase la causa correccional seguida contra Ramon Montaño y María Herrera por injurias número....de la Gaceta Judicial.

APÉNDICE

ALCALDES PARROQUIALES.

Los alcaldes parroquiales son ajentes de la policía judicial y como tales tienen el deber de averiguar los delitos que se cometan en el lugar de su jurisdiccion, de comprobarlos y de reunir las pruebas, aprehendiendo ademas a los delincuentes para su entrega al ministerio público o juez instructor.

Los alcaldes parroquiales deben tener dos libros:—el primero para recibir las denuncias verbales que se hacen ante ellos conforme al procedimiento criminal; (14) y el segundo para los juicios de simple policía. Las denuncias de los delitos de gravedad deben recibirlas para su trasmision al ministerio público, para cuyo efecto se sacará una copia certificada de la denuncia orijinal que existe en el primer libro. Si hai necesidad de comprobar el cuerpo del delito se procederá al efecto, ordenando el respectivo reconocimiento. Como en las provincias no se encuentran médicos parece conveniente en los casos de intoxicacion, la remision de los órganos principales del cadàver a la capital del Departamento a fin de que con un análisis químico practicado por científicos estè comprobado con alguna exactitud el cuerpo del delito que es la base esencial de la criminalidad. Es monstruoso tener que fundar una sentencia sobre un reconocimiento que tal vez ha sido hecho por individuos que no tienen un átomo de ciencia—esto es frecuente en la campaña.

La inmediata aprehension y remision del sindicado ante el juez instructor o fiscal respectivo, debe ser el complemento de estas previas dilijencias que los jueces parroquiales instruyen como ajentes de la policía judicial.

Los jueces parroquiales no tienen jurisdiccion fuera de los casos que tenemos espuesto, y de los de delito infraganti, por consiguiente no pueden proceder a ninguna otra dilijencia sin el previo requerimiento del ministerio público (15).

---

(14) Véanse los artículos 24 y 41 del Procedimiento criminal.
(15) Véase la resolucion Suprema de 2 de Abril de 1868.

DE LOS CORREJIDORES DE CANTON.

Los correjidores son tambien ajentes de la policia judicial y como tales sus deberes son los de los alcaldes parroquiales. Deben tener asi mismo un libro para recibir las denuncias que se hagan de los delitos cometidos en su comprension. Como funcionarios auxiliares del fiscal están obligados a remitirle sin dilacion las denuncias que hubieren recibido asi como todas las dilijencias practicadas por ellos en averiguacion de los delitos.

Los correjidores de los cantones conocen a prevencion con los alcaldes parroquiales, de las faltas de policia cometidas en la estension de su Canton, siempre que sea por personas tomadas infraganti delito, o por personas que residan en el Canton o que están presentes, cuando los testigos están tambien presentes y cuando la parte reclama daños e intereses que no exedan de la cantidad de tres pesos; pero no podrán jamas conocer de las faltas de policía atribuidas esclusivamente a los alcaldes parroquiales por el artículo 127 del Procedimiento criminal ni de otras materias cuyo conocimiento es atribuido a los alcaldes como a jueces civiles (artículo 152 del Procedimiento criminal.)

En estos casos los correjidores proceden como se hace en los juzgados de simple policia:—las funciones del ministerio público son desempeñadas por un particular nombrado por el correjidor:—la recepcion de las pruebas y el pronunciamiento de la sentencia son el complemento del procedimiento que se debe observar al juzgar de los delitos cuyo conocimiento incumbe a aquellos, conforme al artículo anterior, siendo de advertir que la sentencia es motivada y con espresa citacion de la lei en que se funda.

DENUNCIAS Y QUERELLAS

El vulgo confunde ámbas cosas—para ilustrarle es necesario definirlas y fijar su significacion segun derecho.—Denuncia es la delacion que se hace ante la autoridad de un delito que se comete por cualquiera. Querella es la acusacion que uno hace ante el juez contra otro que le ha hecho algun agravio o que ha cometido algun delito en perjuicio suyo. La denuncia presupone tan solo la existencia de un delito; y la querella la existencia del delito y la lesion que se ha causado con él. La primera pueden hacerla todos los ciudadanos, porque tienen deber para ello; y la segunda únicamente el que sufre el daño o perjuicio.

El ministerio público ejercita la accion penal en todos los crímenes o delitos graves que merecen penas aflictivas é infamantes: la persecucion de ellos es de su esclusiva atribucion (16). En los delitos correccionales y de simple policía, el ministerio público tambien ejercita su accion; pero lo hace secundariamente, porque el mal que se causa con ellos atañe mas bien al interes privado que al público; no obstante la lei del Procedimiento criminal ha reservado a los fiscales la accion penal de todos los delitos públicos y privados.

En algunos juzgados y tribunales existe la corruptela de admitir la intervencion de personas particulares que con el carácter de denunciantes ejercitan la accion penal:—tan ilegal práctica debe correjirse prohibiendo de plano esta intervencion. La personalidad de los denunciantes no debe ser sino puramente moral desde el momento en que se ha hecho la delacion. Algunas veces hemos observado tambien que la parte civil ha propendido usurpar aquella atribucion—esta es otra anomalía, porque la parte civil no debe ejercitar su derecho sino en lo que respecta a sus intereses meramente civiles.

DELITO INFRAGANTI (17).

Hai delito infraganti en tres casos:—1.° cuando se descubre en el acto de cometerse: 2.° cuando acabado de cometerse, la alarma y el clamor público indican al autor: 3.° cuando el autor o sindicado es descubierto mediante las armas, instrumentos, papeles u otros objetos que lo designen como autor o cómplice del delito, con tal que sea en un tiempo inmediato (artículo 34 del Procedimiento criminal).

Los alcaldes parroquiales, los correjidores, comisarios de policía, &., son competentes para conocer en estos delitos cuando su perpetracion ha tenido lugar dentro de los límites de su jurisdiccion.

---

(16) Véase el artículo 1.° del Procedimiento criminal.
(17) Recomendamos la lectura de la Circular de la Fiscalía jeneral de la República, fechada en 1.° de Diciembre de 1866 sobre delito infraganti.

Perpetrado un delito infraganti, el alcalde parroquial o correjidor, se constituye inmediatamente en el lugar del sitio en que haya ocurrido, se comprueba el cuerpo del delito por medio del reconocimiento mèdico-legal de dos facultativos o empíricos que serán llamados aun con apremio en caso de su desobedecimiento, se reciben las declaraciones del sindicado y testigos sabedores del hecho o de los que tengan noticia de lo acaecido, cuidando de que los vijilantes o guardias que deben nombrarse, impidan el alejamiento de ninguna persona y que tampoco desaparezcan los papeles, armas o instrumentos del delito, haciendo que el sindicado los reconozca. Todas estas dilijencias se sientan en una acta detallada y se firman por el instructor de la sumaria y partes (18). En caso de que haya concurrencia entre un fiscal y alguno de los funcionarios que organiza la sumaria, el ejercicio de la policía judicial corresponde al fiscal. Terminada la sumaria, en el caso de la no concurrencia del ministerio pùblico, se remite al conocimiento de él, sin dilacion, a fin de que haga las conclusiones ante el respectivo juez instructor.

Fuera de los casos de delito infraganti los correjidores y alcaldes parroquiales así como los demas ajentes de la policía judicial, no pueden proceder a otras dilijencias que las que hemos espresado anteriormente, siendo nulo todo lo que se obrare en otros casos.

MANDAMIENTOS.

Cuatro mandamientos conoce el Procedimiento criminal: estos son de comparendo, aprehension, detencion y prision. Algunos no conocen la diferencia que hai entre ellos, y aun hai letrados que los confunden frecuentemente, causando así graves perjuicios. Estableceremos la diferencia que hai entre ellos, definièndolos al mismo tiempo para que se sepa cuando y como deben librarse.

Mandamiento de comparendo: no es sino una cédula de citacion o llamamiento a una persona cualquiera, para que se presente ante la autoridad.

Mandamiento de aprehension: es la misma cédula para

---

(18) Véase el modelo de esta acta redactada por el Sr. Reyes Ortiz.

que un sindicado u otra persona comparezca ante el juez, conducida por la fuerza pública.

Mandamiento de detencion: es la órden del juez por la que debe ser detenido un individuo, en la cárcel u otro lugar cualquiera.

Mandamiento de prision: es la órden espedida por el juez para que un sindicado o reo, sea apresado en la cárcel pública, inscribiéndose su nombre en el respectivo rejistro.

El libramiento de estos mandamientos tiene lugar:

El de comparendo, cuando el sindicado es una persona conocida y el delito no es de los que merecen pena corporal o infamante.

El de aprehension, cuando el sindicado es desconocido, o el delito merece pena corporal o infamante.

El de detencion, cuando en la instruccion de la sumaria resultan algunos datos o indicios contra el sindicado.

El de prision, cuando está terminada la instruccion sumaria y el delito está comprobado y el sindicado resulta convicto de su crímen.

En la instruccion de la sumaria debe haber mucho cuidado para hacer estas distinciones, porque es monstruoso que léjos de someterse a un individuo al mandamiento de comparendo o aprehension se le someta al de detencion o prision. La libertad individual que, sin duda, es la garantía mas preciosa del hombre, no debe pues atacarse de ninguna manera. Durante la instruccion de la sumaria el juez instructor tiene la facultad de librar o no el mandamiento de detencion o prision, pero debe advertirse que esta facultad no puede usarse sino en vista de indicios o pruebas que acrediten la delincuencia del sindicado. No es pues una facultad ciega la que se ha conferido al juez, no es un poder tiránico el que se le ha dado (19).

DE LA PRUEBA EN LO CRIMINAL.

Damos el nombre de prueba a la suma de los motivos que producen la conviccion.

---

(19) Véase la Resolucion suprema de 31 de Diciembre de 1858.

No es el criterio legal el que debe dirijir al juez en la aplicacion de la pena sino el moral. Entendemos por criterio moral la libre apreciacion del hecho por la conciencia, o en otros términos, la certeza de los hechos en la conviccion producida en la conciencia del juez.

La conviccion del juez es esencialmente libre, no puede estar sujeta a ninguna prescripcion legal ni a reglas científicas: ella descansa tan solo en el sentimiento íntimo e innato que guia a todo hombre en los actos mas importantes de la vida.—No sería regular que siguiese una forma de prueba obligatoria, porque entónces se veria subyugada su conciencia y acaso forzado a cometer injusticias.

Si es cierto, que dos testigos uniformes y contestes hacen plena prueba en materia civil, en lo criminal no lo es: podrán realmente hacer prueba plena las declaraciones desnudas de dos testigos, cuando principalmente hayan debido a una sola circunstancia, a su calidad de extranjeros, por ejemplo, en un país en que son desconocidos, no ser colocados en la categoría de los sospechosos—¿No nos dice la razon que lo que nos convence no son tanto los dichos de ámbos, cuanto la verosimilitud íntima de su palabra, el cuidado y la exactitud que han precedido a su audiencia, y la concordancia de sus dichos con los hechos de cargo? Sería, pues, un error grave decir que de dos testimonios debe resultar necesariamente la prueba.

Parece demasiado necesario que los jueces distingan ámbos criterios, y que dejando el legal para lo civil se ciñan en lo criminal al moral, porque este es el único que le conviene. Es mui sabido que en lo criminal la esfera de accion del juez es mucho mas ámplia y dilatada y que en esta virtud su mision le pone en el deber de examinar los puntos mas aislados en que se funda la prueba, compararlos entre sí y establecer una conclusion definitiva sobre los diversos resultados de todas estas operaciones mentales. Si bien es cierto que entre lo civil y criminal hai analojías jenerales y principios comunes tambien es evidente que tienen faces esencialmente distintas y que en consecuencia no podemos confundir un criterio con el otro sin incurrir en un error (20).

ARANCEL DE DERECHOS JUDICIALES.

Es utilísimo que la clase litigante tenga a la mano a fin de que no sea exaccionada por algunos funcionarios que medran a su costa.—Es por esto que hemos creido útil su trascripcion, habiéndose omitido los que están derogados. Tambien trascribimos los decretos y resoluciones supremas relativos al cobro de derechos por parte de los facultativos o peritos que practican reconocimientos.

ARANCEL
De derechos procesales. Abril 17.
SECCION PRIMERA.
EN LO CRIMINAL.

Artículo 1.º Las causas criminales que se susciten por delitos o culpas ante cualesquiera Tribunales o juzgados, no causarán otros derechos que los que se asignan en el artículo siguiente, salvo que la lei ordene como pena la condenacion en costas.

Art. 2.º Los alguaciles serán gratificados: con un real por cada citacion en forma legal a los testigos; y dos reales por apremio del delincuente o culpable. El importe de estos derechos los satisfará el delincuente o culpable si tuviere bienes, y de no tenerlos, el Tesoro público a peticion Fiscal ante el Jefe de hacienda respectivo, salvo la indemnizacion.

Los testigos que debieren marchar de un lugar a otro serán gratificados con un real por legua de ida y otro real de vuelta. Si se hiciere indispensable su permanencia en el lugar del

---

(20) Se han tenido a la vista los espositores Rogron, Mitermaier y otros.

juicio se les abonará cuatro reales por dia. El importe de esta indemnizacion se satisfará conforme a lo dispuesto en el artículo 263 de la lei del Procedimiento criminal, previa la liquidacion de que trata el artículo 72 de la misma.

Si los testigos fueren llevados a pedimento de la parte civil, ésta satisfará los gastos, salvo el derecho de indemnizacion contra el delincuente o culpable.

Art. 3.° Todas las multas que se impusieren y el producto de los instrumentos del delito que se vendieren, si hubiere lugar, se aplicarán al Tesoro público para fondo de gastos en causas criminales, dándose aviso al Jefe de hacienda respectivo.

SECCION SEGUNDA.

En lo Civil.

CAPÍTULO 1.°.

Juicios verbales.

Art. 4.° En los juicios civiles verbales que se decidan ante los jueces instructores o ante los alcaldes de parroquia, se pagarán los derechos siguientes:

Un real por cada parte para la formacion del libro de actas, y otro real por cada foja de lo que se escribiere inclusa la sentencia.

Dos reales por cada foja de la copia del acta bien sea para la apelacion o para el resguardo de la parte que la pida; cada foja será de sesenta renglones y cada renglon de ocho dicciones, de letra clara y correcta. Estos derechos pertenecen al plumario.

CAPÍTULO 2.°.

Juicios escritos ante los Jueces Instructores.

Art. 5.° En los juicios civiles escritos que están sujetos al conocimiento de los jueces instructores segun las atribuciones 4.ª y 5.ª del artículo 52 de la Lei de organizacion judicial, podrán cobrar los jueces lo siguiente:

Por asistir a tasaciones, reconocimientos u otras dilijencias en que fuere necesaria su presencia, o que la parte la pida, llevarán un peso si ocuparen tres horas, y doce reales si fueren mas hasta seis horas. Si para estas dilijencias debieren salir del lugar de su residencia llevarán dos pesos por dia de ocupacion facilitándoseles cabalgadura, y tres pesos si no la facilitaren. Si la dilijencia conviniere a ambas partes, pagarán por mitad estos derechos.

Art. 6.º Los Actuarios de los juzgados de instruccion, en los casos del artículo anterior llevarán la mitad de lo derechos asignados a los jueces.

Ademas cobrarán: por cada notificacion un real; si dejaren cedulon otro real.

Por cada cargo o nota puestos en el proceso, medio real.

Por una dilijencia de aceptacion jurada, tres reales.

Por un certificado sencillo dos reales, y cuatro si fuere relativo.

Por cada testimonio que se mande dar a pedimento de parte, dos reales por foja, teniendo cada plana treinta renglones y cada renglon ocho dicciones.

Por cada pregon, y por cada cartel un real; por los pregones en acto de remate realizado, inclusa la dilijencia firmada por el juez, y comprador o adjudicatario, cuatro reales.

Por madamiento de embargo, desembargo, depósito, retencion, posesion o eyeccion haciendo constar la dilijencia en el proceso, tres reales.

CAPÍTULO 3.º.

Juicios escritos ante la Corte y Tribunales de 1.ª Instancia.

Art. 7.º Los secretarios de los Tribunales de partido llevarán los mismos derechos que los actuarios; mas en las causas verbales, que se decidan ante los Presidentes, percibirán cuatro reales por cada sesion, cuidando que los auxiliares o plumarios lleven las actas correctas, y de buena letra, y por cuyo trabajo percibirán éstos dos reales por foja que no baje de sesenta renglones, ni de ocho dicciones por renglon.

Art. 8.º Los secretarios de las Cortes de Distrito, y

Suprema percibirán el doble de los derechos señalados a los secretarios de los Tribunales de partido, y los auxiliares o plumarios, cuatro reales por foja de lo que redactaren segun el artículo anterior.

Art. 9.° Los funcionarios de que trata este Capítulo cobrarán cuatro reales por foja de las provisiones, despachos o testimonios que se mandaren librar a pedimento de parte, con la obligacion de llevar el rejistro de las provisiones, dando el interesado el papel.

CAPÍTULO 4.°.

Derechos que corresponden a los funcionarios subalternos que concurran accesoriamente a los juicios.

Art. 10. Los alguaciles ejecutores de embargos, de posesiones o eyecciones que no ocupen mas de una hora, llevarán seis reales por la dilijencia verificada con que darán cuenta al comitente: si pasaren de una hora a tres, llevarán doce reales, y si llegaren a seis horas llevarán dos pesos.

Cuando para realizar la dilijencia fuere preciso viajar, llevarán dos reales por cada legua de ida y dos reales por vuelta si no se les da cabalgadura, y de dárseles, se les abonará un real por cada legua.

Por cada apremio de Procurador para entrega de procesos, o persona obligada a devolverlos, exijirán cuatro reales sin perjuicio de realizar el apremio cuando no se entregue el proceso, y dará cuenta.

Por cada testigo citado o persona mandada comparecer, percibirán de la parte que hubiere solicitado la dilijencia, un real, y darán cuenta con la boleta de citacion firmada por el citado, o por otro en su defecto.

Art. 11. Los alcaides de la cárcel que recibieren algun preso o arrestado, cobrarán cuatro reales siempre que hubiere pernoctado a su cargo por órden de autoridad competente, y no exijirá mas derechos por el mas tiempo que haya permanecido el preso o arrestado.

Art. 12. Los intérpretes llevarán cuatro reales por cada declaracion en que fuere precisa su interpretacion; y un peso si fuere en escritura que no pase de una foja. En las de mayor estension llevarán seis reales por las que pasen de la primera foja, y estos derechos serán satisfechos por la parte que hubiere dado lugar; pero si la interpretacion fuere a pedimento del Fiscal será gratuita.

Art. 13. Los peritos de cualquier arte u oficio, que intervengan en dilijencias de su cargo, llevarán cuatro reales por hora de constante ocupacion; y y si debieren caminar a distancia, se les aumentará dos reales por cada legua facilitándoles la bestia, y de no hacerlo, cobrarán cuatro reales por cada legua.

Art. 14. Los contadores entre partes o partidores de herencia que no hubieren concertado su honcrario con los interesados, llevarán dos pesos por dia durante los diez primeros: si pasaren de ellos hasta veinte dias, un peso por cada uno; y si en este tiempo no terminaren su trabajo, no llevarán mas derechos, y continuarán la operacion hasta concluirla, salvo que las partes quieran gratificarlos.

Art. 15. El pregonero por cada uno de los pregones que diere en los dias designados por lei ántes del remate, llevará un real; mas en el acto de la venta o remate, por las invitaciones que hiciere durante el tiempo señalado por la lei, no llevará mas de un peso, inclusa la declaracion de la venta por la buena pro, o por la adjudicacion que se hiciere.

Art. 16. El tasador de costas llevará seis reales por cada veinticinco fojas que rejistrare al efecto. Si lo obrado no llegare al número indicado solo llevará cuatro reales; mas no incluirá en la tasacion dilijencias duplicadas, o que no eran permitidas por la lei, o no pedidas por las partes, salvo que se hubieren ordenado de oficio (21).

CAPÌTULO 6.°.

Disposiciones jenerales.

Art. 19. Todo litigante que no sea privilejiado afianza-

---

(21) No se trascribe el capítulo 5.° por ser referente a los notarios.

rá las costas desde que haya principiado la causa, y si alguno omitiere hacerlo, se suspenderá el curso del juicio, o se le declarará desertor o contumaz a pedimento de la parte que hubiere afianzado: mas no se exijirán los derechos procesales miéntras no se termine el negocio por sentencia definitiva en el grado en que se hallare, ni se pagarán sino con recibo visado por el juez.

Art. 20. Son exeptuados de la fianza de costas los indíjenas contribuyentes, sus padres, hijos y mujeres: los pobres de solemnidad declarados; los acreedores al Estado, los Establecimientos de caridad, beneficencia, instruccion pública y Municipalidades; los conventos, monasterios e iglesias, y podrán usar en sus peticiones el papel del sello 6.°, salvo el caso de condenacion de costas (22).

Art. 21. Los Fiscales usarán el papel de oficio en todos los negocios de su incumbencia, y los delincuentes, el del sello 6.°, salvo el caso de reintegro en caso de condenacion de costas.

Art. 22. Los juzgados especiales quedan sujetos a este Arancel para la percepcion de los derechos procesales.

Art. 23. No se cobrarán otros derechos procesales que los designados en este Arancel; cualquiera autoridad o funcionario que cobrase otros, o mas altos queda sujeta a las penas que establecen los artículos 364, 365 y 366 del Código penal.

Art. 24. Los majistrados y jueces harán fijar copia de este Arancel en una tablilla que se pondrá en las puertas de las oficinas de los juzgados; quedando sin efecto desde el dia cualesquiera otros Aranceles y disposiciones que contradigan el presente, que oportunamente será sometido a las Cámaras Lejislativas.

El Secretario de Estado del Despacho de Justicia, queda encargado de la ejecucion de este decreto y de mandarlo imprimir, publicar y circular a quienes corresponda.

Dado en La Paz de Ayacucho, a 17 de Abril de 1858.—*José María Linàres.*—El Secretario del Despacho de Gobierno, Culto y Justicia.—*Ruperto Fernández.*

---

(22) Véase el artículo 5.° del Supremo Decreto de 25 de Junio de 1858, sobre juicios de menor cuantía.

DECRETO DE 15 DE OCTUBRE.

Abono de los derechos procesales.

El ciudadano José María Linares, Presidente Provisorio de la República, &.

Vista la solicitud elevada por los secretarios y actuarios de los Tribunales y juzgados de la ciudad de La Paz.

DECRETO.

Art. único. Los litigantes abonarán a los empleados subalternos del ramo judicial, los derechos procesales que éstos devengaren conforme a Arancel, luego que llegaren a la suma de diez pesos, previa presentacion de planilla visada por el juez respectivo y quedando de este modo reformado el artículo 19 del Supremo Decreto de 17 de Abril último.

El Secretario del Despacho de Gobierno, Culto y Justicia queda encargado de la ejecucion de este decreto y de su publicacion y circulacion a quienes corresponde. Dado en la casa de Gobierno de Oruro, a 15 de Octubre de 1858.—*José María Linares.*—El Secretario del Despacho de Gobierno, Culto y Justicia.—*Ruperto Fernández.*

DECRETO DE 20 DE ENERO.

Derechos de los Secretarios de las Cortes y Tribunales, y de los actuarios de los juzgados de instruccion.

El ciudadano José María Linares, Presidente Provisorio de la República, &.

DECRETO.

Artículo 1.° Los secretarios de los Tribunales de partido y actuarios de los juzgados de instruccion, percibirán como derechos procesales, en materias civiles, un real por un auto cualquiera o sea decreto de mera sustanciacion, y dos por una sentencia definitiva; dos reales por cada declaracion, tres por cada edicto o discernimiento, y un peso por cada relacion en compulsa.

Art. 2.° Los secretarios de las Cortes Suprema y de Distrito, cobrarán en los casos respectivos, y de conformidad con lo que dispone el artículo 8.° del decreto de 17 de Abril último el doble de los derechos anteriores designados a los secretarios de los Tribunales de partido.

Art. 3.° El presente decreto se considerará como parte del Arancel de derechos procesales, y los majistrados y jueces, para su observancia, harán fijar copias de él en las respectivas oficinas de los juzgados y Tribunales.

El Secretario de Estado en el Despacho de Justicia, queda encargado de su ejecucion y cumplimiento y de mandarlo imprimir, publicar y circular a quienes corresponda.—Dado en la ciudad de Oruro, a 20 de Enero de 1859.—*José María Lináres.*—El Secretario del Despacho de Justicia.—*Evaristo Valle.*

RESOLUCION DE 12 DE MARZO.

Que señala los derechos de los peritos llamados de oficio en las causas criminales.

Secretaría de Gobierno y Justicia.—La Paz, Marzo 12 de 1860.—A S. S. el Jefe Político de Cochabamba, para que mande abonar por Tesorería la cantidad de veintiseis pesos cuatro reales que importa el presupuesto de fojas 2, rebajadas que han sido las dos partidas cargadas en favor de los peritos que no debieron llevar nada por su trabajo, en virtud de haber sido llamados de oficio y de conformidad con el artículo 1.° del Arancel de 17 de Abril de 1858. Impútese dicha suma al artículo 5.° capítulo 2.° parte 2.° del presupuesto nacional. Y por cuanto no hai una disposicion para casos como el presente, seguidos a instancias de parte, se declara por regla jeneral: que los peritos que concurran a reconocimientos de esta clase, deben llevar dos pesos por su asistencia al acto, si no trabajaren mas de cuatro horas, y dos pesos al dia trabajando cuatro horas en cada uno. Tómese razon y publíquese como adicion al citado Arancel.—P. O. de S. E.—*Fernàndez.*

RESOLUCION DE 14 DE NOVIEMBRE.

Médicos: reconocimientos gratuitos en materia criminal.

Ministerio de Instruccion y Justicia.—Cochabamba, Noviembre 14 de 1863.—Vista la presente consulta de la Tenencia del Protomedicato de esta ciudad, acerca de los derechos que deben cobrar los Médicos por los reconocimientos médico-legales, y considerando: 1.° que es gratuita la administracion de justicia en materia criminal: 2.° que en cualquier oficio, son debidos a la justicia los servicios profesionales; se declara: que la presente consulta es infundada. Publíquese para que sirva de regla y devuélvase.—Rúbrica de S. E.—P. O. de S. E.—*Renjel.*

DECRETO DE 4 DE MAYO DE 1865.

Reconocimientos Médico-legales.—Derechos que deben percibir los Médicos y Cirujanos.

MARIANO MELGAREJO, PRESIDENTE PROVISORIO
DE LA REPÙBLICA.

DECRETO.

Artículo 1.° Los Médicos y Cirujanos, cuando sean llamados a ejercer funciones médico-legales percibiràn por honorario los derechos siguientes:

Por el primer reconocimiento de maltratos o heridas, dos pesos.

Por los posteriores, sea por mandato judicial o a solicitud de parte, un peso.

Por la autopsia de un cadàver, cuatro pesos.

Por igual dilijencia, habiendo exhumacion del cadáver, ocho pesos.

Por cualquier reconocimiento en materia civil, un peso.

Por trasladarse de un lugar a otro, sea por mandato judicial o a solicitud de parte, un peso por legua, siendo de su cuenta proporcionarse la movilidad; y cuatro reales por legua, si la facilita el interesado.

Art. 2.º A falta de Médicos o Cirujanos debidamente autorizados en el lugar, las funciones mèdico-legales serán desempeñadas por empìricos, quienes percibirán la mitad de los derechos que respectivamente se han señalado en el artìculo precedente.

Art. 3.º Los espresados derechos se pagaràn por el interesado, aùn cuando no se haya constituído por parte civil; mas, en las causas seguidas a instancia puramente del ministerio público, sin que aparezca parte interesada o civil, no causarán derecho alguno las dilijencias a que se refiere el artículo 1.º

Art. 4.º Los derechos que quedan establecidos, serán reintegrados al interesado o parte civil que los haya satisfecho, por los delincuentes o culpables en el caso de pronunciarse sentencia contra ellos.

Art.º 5.º Este decreto se considerarà como parte integrante del Arancel de derechos procesales, de 17 de Abril de 1858.

Comuníquese y publìquese. Dado en la Sala de mi despacho en la mui ilustre y denodada ciudad de La Paz de Ayacucho, a 4 de Mayo de 1865.

(Firmado.)—MARIANO MELGAREJO.

(Firmado.)—El Ministro de Gobierno y Justicia.

MARIANO DONATO MUÑOZ.

MARIANO MELGAREJO.

Benemérito de la patria en grado heróico y eminente, Presidente Provisorio de la República, Capitan Jeneral de sus Ejércitos, Gran Ciudadano de Bolivia, Conservador del órden y la paz pùblica, Gran Cruz de la Imperial Orden del Cruzero del Brasil, Jeneral de Division de Chile, etc., etc., etc.

CONSIDERANDO:

Que el Arancel de derechos procesales dado en 1.° de Octubre último, ha contrariado en sus efectos y aplicacion las patrióticas intenciones que se propuso el Gobierno al decretarlo;

Que el abuso cometido en el cobro de derechos por los funcionarios favorecidos por dicho Arancel, ofrece al Gobierno un justo motivo para su derogacion, alejando por este medio todo pretesto a las exacciones y abusos de que comunmente no puede el Gobierno apercibirse para su represion;

DECRETO.

Artículo único.—Derógase el Supremo Decreto de 1.° de Octubre último, quedando en vijencia las disposiciones que rejían hasta aquella fecha, en órden a derechos de Arancel.

Publìquese y circúlese (23.)

Dado en la Sala de mi despacho en la mui ilustre y denodada ciudad de La Paz de Ayacucho, a los 16 dias del mes de Febrero de 1870.

(Firmado.)—MARIANO MELGAREJO.

(Refrendado.)—El Ministro de Estado en los Dospachos de Justicia, Instruccion pública y Culto, Encargado del de Relaciones Exteriores.

Manuel Josè Ribera.

---

(23) El Arancel a que este decreto se refiere no se trascribe por ser innecesario como que está derogado.

FIN.

CPSIA information can be obtained
at www.ICGtesting.com
Printed in the USA
BVOW04s1944100417
480860BV00007B/79/P